I0485124

www.ingramcontent.com/pod-product-compliance
Lightning Source LLC
Chambersburg PA
CBHW040811200526
45159CB00022B/224

* 9 7 8 0 9 9 4 8 2 3 0 0 7 *

إدارة المال و ريادة الاعمال

تحقيق عن المال و الريادة

لحظات فارقة في الحياة العملية

محمد ابو الفيش

إهداء

اهدي هذا الكتاب لعائلتي واصدقائي ،كما أود أن أعرب عن إمتناني للعديد من الأشخاص الذين رأوني من خلال هذا الكتاب . ولجميع أولئك الذين قدموا الدعم ، سواءا ،قراءة ، تعليقات، الذي سمح لي أن أقتبس ملاحظاتهم التي ساعدتني في التحرير، و التصحيح والتصميم , كما أشكر أساتذتي وشكر كبير لكل من بذل أي مجهود لخروج هذا العمل المتواضع إلى النور

مقدمة:

نجاح مشروعك الخاص أو أي مشروع يحتاج إلى وقت لذلك ننصح بقراءة هذا الكتاب قبل اتخاذ قرارات حاسمة وربما خاطئة سوف تهدرمن خلالها المال والوقت.

اهم هدف من أي عمل تجاري هو الربح، لكننا وجدنا أن لا احد يتكلم عن ذلك ، فالشركات تتكلم عن الإدارة ودورات الكمبيوتر،،،،، الخ لمكاسبها البحثة وهذا طبيعي ,لذلك في كتابنا هذا فضلنا ان نذهب مباشرة إلى الموضوع الرئيس ألا وهو كيف تحقق الأهداف المالية في مقتبل العمر وذلك باعطائك صورة واضحة عن مصادر رأس المال وكيف تعمل رؤوس الأموال.

سألني مارك رزالز احد شركائنا في شركتنا هل انت غني فكان جوابي الموضوع هو هل حققت أهداف المالية أم لا ؟ والجواب في الحقيقة لقد حققت أهدافي المالية في عمر صغير لذلك هاجرت الا كندا بحثا عن المغامرة والجديد, فدرست وعملت مع عدة شركات هناك بحثا عن الأسرار الخفية لرأس المال وفتحت شركتي الخاصة هناك إلى ان وصلته لكتابة هذا الكتاب.

يتحدث القسم الأول من الكتاب و يمهد للقارئ طرق الإستقرار المادي والأحداث الفارقة في حياة كل شخص التي من الممكن أن تحدد مساره المستقبلي والتي تسترعى إنتباهه. كما سوف يساعد الكتاب القارئ أو رواد الأعمال بعمل الخيار الصحيح والمربح لمجال الأعمال الذي سوف يختاره.

يغطي القسم الثاني ريادة الأعمال وهنا يتم شرح كيف تبدأ مشروعك الخاص وكيف توفر الوقت والمال وكيفية دخول أي سوق كانت بقوة وذكاء. يتحدث هذا القسم كذلك عن خطة الأعمال وكيفية إعدادها و يشرح أهم عناصر أي عمل تجاري جديد وكيفية إعداده.

يشرح القسم الثالث التقنيات الموجودة لتنفيذ عمل تجاري جديد وكيفية إستخدامها بطريقة صحيحة وسهلة ,كما يعطيك الفرصة لتقييم اي عمل تجاري قبل الخوض فيه.

القسم الأخير من الكتاب يضع اراء أكبر وأنجح الشركات في العالم بين يدي القارئ ويشرح طريقتهم في العمل. الكتاب صمم على اساس علمي و على خبرات كثيرة و المعلومات في الكتاب لها أساس رقمي.

الكتاب عبارة عن دليل لرواد الأعمال كي يبدأ عمله التجاري وهو يوجهه كي يتمركز بدقة وأن لا يعمل اعتباطيا بل بأهداف محددة التي سوف تقوده الى النجاح العملي .

الكتاب هو وسيلة ممتازة لخريجي الجامعات حتى قبل بدأ الدراسة كذلك هو وسيلة ممتازة لمن يريد أن يراجع طريقة إدارته لعمله التجاري ويحسنها إلى الأفضل.

الكتاب غني بمعلومات يخفيها أصحاب الأعمال ,كما أن الكتاب به عدة معلومات عن الشركات الناجحة.

مقدمة عن الكاتب :

لقد بدأ الكاتب تاسيس شركته الخاصة في سنة 1994 في سن مبكرة ,كانت الشركة من انجح الشركات حيث حققت اهدافها المالية في زمن قياسي ,كما حصل على شهادة ماجستير في ريادة الأعمال من جامعة ماكماستر الكندية .الجامعة تعتبر من رواد الجامعات في مجال ريادة الأعمال كما حصل على عدة جوائز في إدارة الأعمال والمشاريع وهي كالتالي:

1- أعلى جائزة خطة أعمال , كندا

PLAN It, Top Business Plan Award, McMaster University's Xerox Center for Engineering in the Entrepreneurship & Innovation Factory

PLAN iT

Top Business Plan Award

This Is To Certify That

MOHAMED ABOU EL FISH

Has Won A Kobo Reader & Chapters Gift Card
and a $5000 Scholarship* to the MTEI Program at McMaster University
*Scholarships available to each team member, pending eligibility
(please contact Deborah Smaluck smaluck@mcmaster.ca after July 4, 2011 to inquire)

Presented by McMaster University's Xerox Centre for Engineering Entreprenerurship & Innovation and Innovation Factory
on June 22, 2011 at McMaster University, Convocation Hall

Dr. Rafik Loutfy
Director of the XCEEi at McMaster University

innovation FACTORY

Ron Neumann
Executive Director of Innovation Factory

2- مسابقة معرض الابتكارات , كندا

Innovation Fair Pitch Competition, Efficient AC-Third Place, Waterloo University
2010

McMaster University

Dr. Rafik O. Loutfy, Director
Xerox Centre for Engineering
Entrepreneurship and Innovation

1280 Main Street West
Hamilton, Ontario, Canada
L8S 2A3

905 525 9140, Ext. 26165
Fax: 905 528 7301
Email: loutfyr@mcmaster.ca
http://www.businessinnovation.ca

January 22, 2010

Mr. Mohamed Abou El Fish
Xerox Centre for Engineering Entrepreneurship & Innovation
McMaster University
Hamilton, Ontario L8S 0A3

Dear Mohamed,

TECNet Innovation Fair – December 4, 2009

I am writing to congratulate you on your success at the TECNet Innovation Fair which was held at the Accelerator in Waterloo and hosted by the University of Waterloo on December 4, 2009.

Your MEEI project, Efficient AC, captured third prize place among the McMaster University projects in the Fair. In recognition of this outstanding achievement, you have been awarded a $5000 prize. This prize money is being held in a McMaster MEEI projects account and is for your use for either your project or your professional development related to your project.

Again, congratulations on your placement and I wish you continued success in your entrepreneurial endeavours.

Sincerely,

Rafik O. Loutfy
Professor and Director
Xerox Centre for Engineering Entrepreneurship
And Innovation

ROL:ds

3- مسابقة التحدي لريادي الأعمال ، كندا

Eco-Challenge, Second Place, McMaster University

SECOND PLACE

This award is proudly presented to

MOHAMED ABOU EL FISH

On April 7, 2011 on behalf of

McMaster University's
ECO-CHALLENGE
Spring 2011

McMaster University ENGINEERING

EPP ENGINEERING PUBLIC POLICY

Organizer

إدارة المال وريادة الأعمال

4- شهادة ماجستير ريادة الأعمال, كندا :

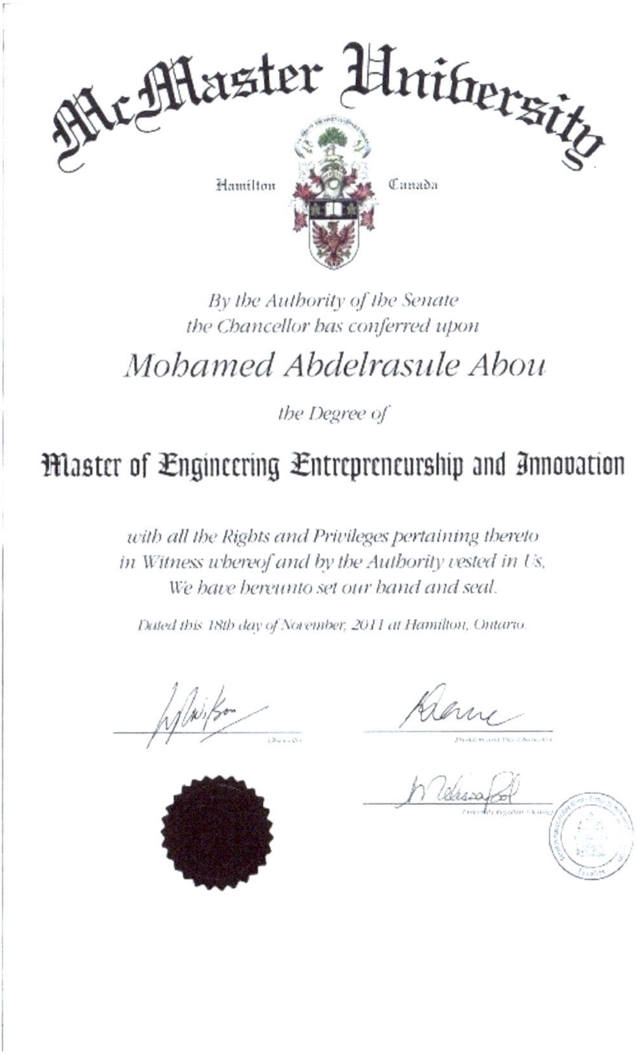

McMaster University

Hamilton   Canada

By the Authority of the Senate
the Chancellor has conferred upon

Mohamed Abdelrasule Abou

the Degree of

Master of Engineering Entrepreneurship and Innovation

with all the Rights and Privileges pertaining thereto
in Witness whereof and by the Authority vested in Us,
We have hereunto set our hand and seal.

Dated this 18th day of November, 2011 at Hamilton, Ontario.

الفهرس

القسم الأول: طريقك لتحقيق أهدافك المالية

التوازن المطلوب في الحياة :

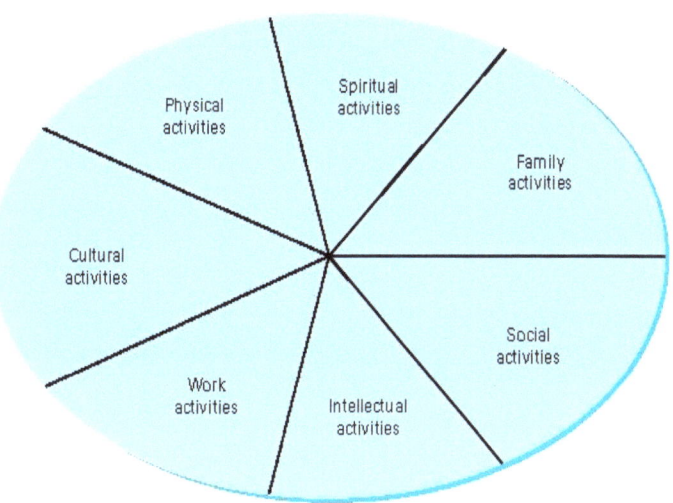

الرسم العلوي يوضح أنه من المهم جعل الحياة متوازنة ,فمثلا اذا ركزت على الحياة الاجتماعية فقط وتركت امور العمل سوف تصبح محبوبا جدا لكن الاكثر افلاسا كما أن عدد كبير من العائلات لم يهتمو بأولادهم وبالحياة الاسرية بقدر التركيز على أعمالهم . فعلا الكتاب يركز علي أمور العمل التجاري لاكن ينصح بعمل توازن مستمر في الحياة . إن إتباع أسلوب الكتاب في بناء مؤسستك سوف يوصلك إلى طموحك المادي بالأكيد لكن في نفس الوقت ينصح الكاتب بالإهتمام بالتوازن الحياتي كذلك.

أهم قرارين سوف يحددان إتجاهك في الحياة المهنية :

لحظتان او موقفان ممكن أن يؤثران على الحياة المهنية ننصح أي شخص التأني قبل إتخاذ القرار فيهما, اول اهم موقف في حياة الانسان عند اختياره لتخصصه الدراسي ,هنا تبدأ تتبلور اتجاهاته . بعدها يأتي اختيار المهنه وهي اللحظة الفارقة الثانية التي بعدها الرجوع الي الوراء يصبح مكلف للغاية كوقت او تكلفة مادية ,لذلك وفرنا لك وسيلة في اختيار دقيق لقراراتك و بالارقام اسمها مصفوفة إتخاذ القرار.

مصفوفة اتخاذ القرار :

التالي مثال لتحليل قرار بإستخدام مصفوفة اتخاذ القرار:

لابد من الأخذ بعين الاعتبار ثلاث اشياء وهي :

المعايير:

ألا وهي اهم معايير مؤثرة على مشروعك ،طبعا لابد ان تشرح لماذا تم اختيار كل معيار شرح مبسط.

وزن المعيار :

سوف تعطي كل معيار نسبة من 100% حسب الأهمية ، هنا كذلك لابد من شرح سبب اختيارك لرقم معين.

شرح وتوصيف :

هنا يتم شرح كل معيار واهميته للمشروع.

في الأسفل يتم تعبئة الجدول :

المعايير	وزن المعيار المئوي	شرح وتوصيف
راس المال المستثمر	%25	هام جدا نظرا لصعوبة ايجاد مستثمر للمشاريع الجديدة.
عامل الخطورة	%20	هامة لانها ممكن ان تؤثر علا قرار الاستثمار
خطة تطوير المنتج	%5	هام للمستقبل وليس حاليا
احتمالات النجاح فيما يختص التسويق	%15	هامة لانه كلما كان احتمال النجاح كبير كلما كان البحث عن مستثمرين اسهل
برائة الاختراع	%20	خطرة وأمة لانها ممكن ان تغلق احد أهداف المرحلة الاولى
العائد على راس المال	%5	له أهمية لنا وللمستثمر
وقت أول ارباح	%10	هام ولكن هو عبارة عن فحص فقط للمشروع
المجموع	%100	

الخطوة الثانية في جدول اتخاذ القرار

لابد من اخذ أول معيار مثلا راس المال على ان يتم تحليله كما هو مشروح في الاسفل:

	الاستراتيجية	تكلفة أول سنة انتاج
	تسجيل براءة الاختراع	$120000
	عمل التصنيع ذاتيا	$1209000
	تصنيع عند شركات قائمة فيالسوق	$15,200,000

كما يجب عمل نفس التحليل لكافة المعايير

بعد الانتهاء من ذلك لابد من وضع كل المعلومات في الجدول بالاسفل وعمل الحسابات اللازمة كالتالي:

المعيار	الوزن	تسجيل براءة الاختراع	امتلاك المصنع	التصنيع في مصنع خارجي
راس المال المستثمر	%25	5X0.25	1 X 0.25=0.25	3 X 0.25=0.75
خطورة الاستثمار	%20	5X0.20	1 X 0.20=0.20	3 X 0.2=0.6
خطة تطوير المنتج	%5	5X0.05	3 X 0.05=0.15	5 X 0.05=0.25
احتمالات النجاح فيما يختص التسويق	%15	5X0.15	1 X 0.15=0.15	3 X 0.15=0.45
براءة الاختراع	%20	1X0.20	3 X 0.20=0.60	5 X 0.2=1
العائد على راس المال	%5	5X0.05	3 X 0.05=0.15	1 X 0.05=0.05
وقت أول ارباح	%10	5X0.10	1 X 0.1=0.1	3 X 0.1=0.3
المجموع	5=%100	4.2	1.6	3.4

كخلاصة تحليل مصفوفة اتخاذ القرار الرقمي مبنية على تحليل رقمي للمعايير المؤثرة على المشروع , وكما ترون في المثال السابق أستنتجت ثلاث إحتمالات لخطط استراتيجية فتم الإستنتاج من التحليل ان اقرب خطة هي تسجيل براءة الاختراع حيث حصلت على 4.2 من إجمالي5 .

,كما يمكنك استخدام نفس الأسلوب في حل أي من المشاكل التي تتعرضك , فمثلا استخدمتها في الاستقالة من عملي الحكومي ,واستخدمتها لهدف العمل لدى شركة خاصة ,كما استخدمتها لقرار الانتقال للعمل في بلد اخر, انا اعلم ان استخدام التحليل مرهق نوعا ما لاكن ميزته انه حسابي , وإستهلاكك لساعة أو ساعتان من العمل تستحق التعب من اجل اتخاذ قرارات سليمة في حياتك.

أسئلة لذوي الخبرة:

سألت أكثر من اربعين رجل سن لإعاطئي ملخص عن مامرو به في حياتهم وماتعلموه, إستنتجت من الأغلبية أنه هناك طريقتين للحصول على مكانة جيدة في الحياة العملية, إما أن تكون ذا رأس مال , أو إذا حصلت على وظيفة هامة كالوظيفة الحكومية. هذه الحقيقة في أغلب الحالات الناس تحبذ أحد المذكوريين سابقا فأحرص على أن تكون أحدهم.

ماهية صحة قصة الفشل والتعلم منه

الفشل خلال محاولات النجاح شيء طبيعي خلال مراحل الارتقاء بالمهنة والعمل ,فهذا الفشل طبيعي لأنه لحضي وظاهر لكن المشكلة الكبري هي في الفشل الغير الملحوظ و الذي يتم اكتشافه بعد مضي وقت كبير فكثير من الناس يكتشف فشله بعد مضي سنين من عمره. مثلا تجد أناس يدرس ويصل الى مراتب عليا في الدراسة في تخصص نادر, لكن التخصص غير مطلوب فبعد سنيين يجد نفسه يبحث عن عمل دون جدوى .مثال اخر لشخص يعمل مدرس وراتبه محدود بعد عدة سنوات يجد اصحابه متقدمين جدا في الحياة المالية وهو لا يعرف لماذا.

مقولة تحتاج إلى إعادة نظر:

حقيقة عدم صحة الجزم بأن الذين ابتدأوا العمل منذ زمن بعيد هم أصحاب الاموال ,لكن في الحقيقة هي أن العديد من الذين ابتدأوا منذ زمن كذلك فشلوا فما هوا السبب اذن. ببساطة إن الشخص الذكي إختار السوق الصحيح للبدء ثم أعطى عمله الوقت الكافي للارتقاء بنفسه , بينما الشخص الاخر اختار السوق الصغيرة دون دراسة مسبقة مما أدة للنتيجة المذكورة.

الخلط الخاطئ بين الوظائف اليومية:

هناك أناس يخلطون مجال الدين بالعمل المادي ,كما قلنا سابقا الدين عبارة عن مجال بحد ذاته ؟؟؟ دعني أشرح هذه النقطه أعنى بذلك هناك اشخاص متعلقون بمبادئ قد تدمرهم على مدي بعيد يعني مرتبط بالدراسة او العائلة او الدين اكثر من المطلوب تاركا العمل او ممكن حتى انه يرفض عمل معين نتيجة تأثير المجال الاخر. لذلك تجد الكثير من المتعلمين أوالمتدينين أوالرسامين بلدون إستقرار مالي وأمورهم المالية صعبة جدا. لذلك لا تعطي مجالا أكثر من حقه.

كيف تختار بداية طريقك المالي وماهو مجالك المالي و اهميته :

من المهم أن تعرف قبل أن تبدأ بالعمل أو الدراسة المجال المالي الذي تعمل فيه, صدق او لاتصدق مجالك المالي من الممكن أن يتحكم في مستقبلك فأنى أعتبره أخطر من الزواج نفسه.

في كل مجال في الحياة هناك مبدعون ,لكن اذا لم تكن متأكد من قوتك الابداعية أي بمعني اخر اذا لم تكن المميز فأبحث عن المجال الواسع الكبير المميز الذي يستوعب العدد الأكبر من الأشخاص. أو أختار التخصص المميز الذي لم يدخله أحد بعد في منطقتك وهم في حاجة له.

فمثلا سوق الكمبيوتر في كندا سوق ممتاز والكل يحقق ارباح فيه ,حيث إن دخل الشخص يبتدأ بمائة ألف دولار وقد يصل بسهولة الي 300 الف دولار سنويا.

قيمة السوق على مدار 60 سنة	60x12x300000=216.000000 60x12x100000 = 72.000000

مثلا سوق العمل لمهنة المهندس المعماري:

قيمة السوق على مدار 60 سنة	60x12x40000 = 28800000

الأنا لو اتيت الي سوق الملاك مثلا تجار الفلين في كندا: 1.2 مليون دولار سنوي شركات متوسطة.

قيمة السوق على مدار 60 سنة	60x12x1.2 = 864.000000

تجارة المواد الغذائية شركات متوسطة

قيمة السوق على مدار 60 سنة	60x12x7.2= 5184.000000

تمرين:

قم بإختيار سوق عملك الذي ترغب او تود ان تعمل به:

ماهو حجم السوق بالمليون ,دوليا وفي دولتك

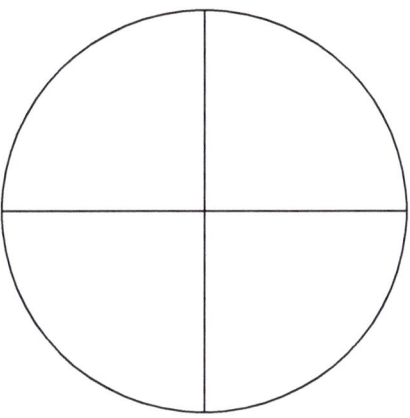

ثم حدد او اختار مجال عملك هل دوليا ام علي مستوي دولتك وربما مدينتك فقط

حدد هنا نسبتك بعد سنة

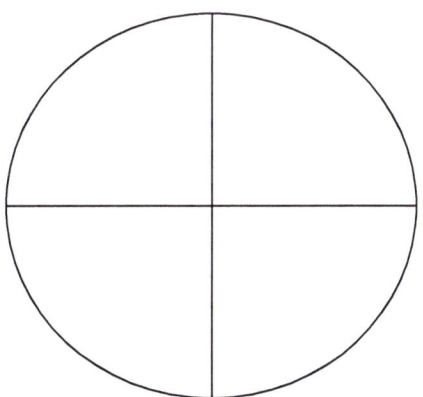

إذا كنت موظف حكومي حدد الحجم الكلي لراس المال خلال 60 سنة وحدد اهدافك بناء عليها.

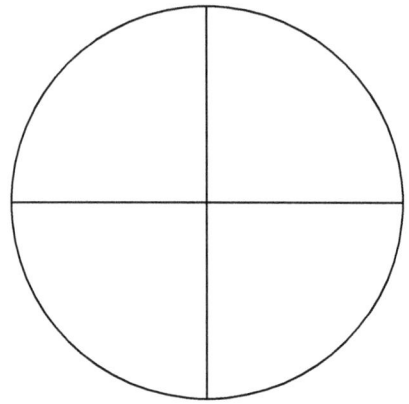

خبرة الاباء و تأثيرها على الابناء:

هناك مشكلة حقيقية يعاني منها كثيرا من العائلات هو تأثير الأب على الإبن فمثلا الأب أستاذ الإبن يتأثر بأبيه فيتطبع به وممكن أن يعمل نفس عمل أبيه أو والديه وممكن أن يكون هذا ناجح وصحيح ,لكن إذا رغبت أن يتأثر ابنك بشخص أخر خاصة من الناحية العملية فما عليك إلى بفتح الباب لإبنك بالذهاب والإتصال بالأشخاص المرغوب فيهم وهذا ممكن من خلال التحدث معهم, زيارتهم, العمل معهم لو بدون مقابل.

الدول المتقدمة وسيطرة النساء على الوظائف الحكومية:

ما هو سبب كون أغلب موظفي الحكومة في الدول الأجنبية نساء , ففي خلال سفري إلى دول أمريكا الشمالية اكتشفت أن معظم موظفي الحكومة نساء ,في الحقيقة بدأت أبحث لكي أفهم السبب فوجدت أن الرجال في هذه الدول يعملون في سوق أكثر إنتاجية وإبداعية وتركو سوق الخدمات للنساء وهذه ليست قاعدة فهناك نساء ناجحات في أعمالهم التجارية. لكن وجدت في حقيقة الأمر أن أغلب أعمال الرجال في هذه الدول إما في الصناعة أوفي عمل شركات جديدة بأفكار مبتكرة وهذا مثال جيد.

الدراسة مقابل الهواية :

إنني اؤمن بأن الدراسة وخاصة الجامعية لابد ان تكون بهدف محدد، في بعض الدول يمكنك الإستعلام عن المستقبل العلمي والعملي قبل البدء فيه. كما هناك عدة أشخاص يخلطون بين الدراسة والهواية، أو يعتقدون ان التعليم سوف يجلب لهم افضل وظيفة على الإطلاق ,وهنا أريد التوقف قليلا لشرح ذلك. في اعتقادي يوجد فرق كبير بين العمل المهني والهواية فرق هام جدا, يجب ان يكون هناك توازن بين الاثنين وإلا حصلت مشاكل ممكن تؤثر على النجاح وتحقيق الأهداف المالية. الدراسة أو المهنة هي عمل المستقبل لاكن الهواية هي أمر يمكنك ان تقوم به في أي وقت إظافي ، كما إنني أعلم أنه في حالات نادرة الهواية تحقق أرباحا طائلة ولاكن هذا نادر جدا.

فعلا الكثير من الناس نجحوا في هوايتهم ولكن القليل ,فمثلا إذا كان مجالك المالي المختار صغير فإن المميزين عددهم قليل ,ممكن واحد أو أثنين على سبيل المثال مجال الرسم ,الفنون الجميلة أو لعبة الغولف, لكن في نفس الوقت إذا كان مجالك الربحي كبير فسوف تجد عدة مميزين وربما كنت أنت واحد منهم بسهولة,مثل لعبة كرة القدم أو تجارة العقارات ,عند ذلك ممكن أن تقوم بالتمتع بهواياتك ,فكر بتمعن لابد أن تختار مجالك أو تخصصك بدقة.

مؤشر النجاح :

أعجبني هذا الشرح لتصرفات الناجحين ضد تصرفات الغير ناجحيين:

workingmomsonly.com/tag/success-indicator/ SOURCE:

كيف تبدأ مشروعك الجديد:

أول خطوة لبداية مشروع جديد بدون عملها من الصعب دخول السوق أو, يتطلب منك سنين عديدة لدخول السوق وهي كالتالي:

الأولى: أن تخترع منتج جديد لا أحد أخترعه سواء كان خدمة او جهاز.

الثانية: أن تدخل السوق بمنتج موجود لاكن لديك بزنس مودل خاص بك.

اذا لم تكن مميز جدا فلا أنصحك بالعمل في هكذا مجال إلى اذا كان حجم السوق كبير جدا.

القسم الثاني : ريادة الاعمال

أحد أهم طرق المال الخفية:

سلسلة التوريد وكيف تمركز شركتك بطريقة صحيحة بداخلها:

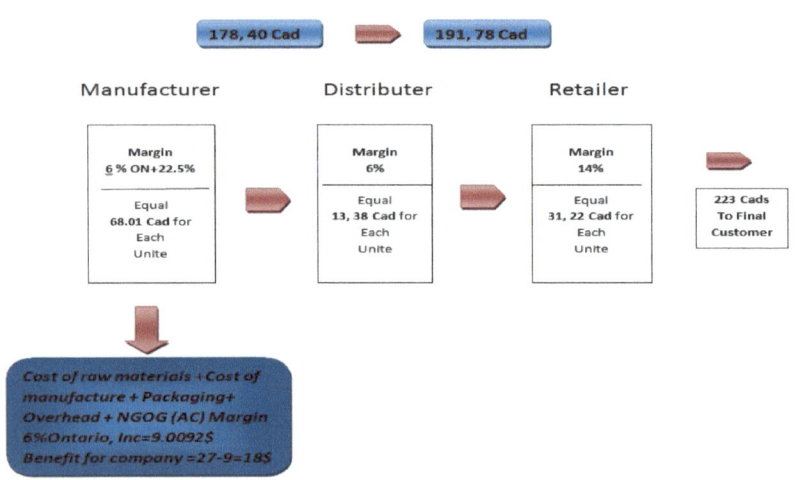

conditioner 11000 Btu

حقيقة من يفهم او يبدأ مشروعه مستخدما سلسلة التوريد في مجال تخصصه وقواعدها ,من الصعب أن يفشل مشروعه. هناك أشخاص دون أن يقصد يعمل في مكان مضبوط في سلسلة التوريد ونجح من خلال التجربة أو بدون علم ,لكنك اذا رغبت أن تبدأ مشروع جديد فعليك بتحديد مكانك في سلسلة التوريد . على سبيل المثلا أن تكون مصنع لا يهم مقر شركتك فالمهم التوزيع و الجودة ,لكن في حالة أنك بائع فالمكان هام جدا ,في أغلب الأحيان أكثر الناس حققت أرباحا المصنع أوالموزع.

أمثلة لموقع مشاريع في سلسلة التوريد:

أكبر وأقوى المشاريع لها مكان في سلسلة التوريد

بائع	موزع جملة	مصنع
	توزيع مواد غذائية	مصنع مواتير
	استيراد وتصدير	شركة عقارية
	متعهدي حفلات	
	السياحة	
	ممثل عقاري	

هام جداً السرعة الربحية "اكتشافي" :

وجدت أن الشركة الناجحة هي من لديها سرعة ربحيه عاليه مهما كانت الظروف سواء في محل او مصنع او موزع.

السرعة الربحيه = راس المال * نسبة الارباح * عدد الاشهر

مثلا شركة توزيع مواد غذائية :

$1000000\$ * 15\% * 12 = 1.8$

شركة اخرى:

$1000000\$ * 15\% * 24 = 3.6$

كلما زادت رقم السرعة الربحيه كلما قلت الارباح

مثال اخر :

$1000000 * 15\% * 5 = 0.75$

لاحظ ان نسبة الارباح ثابتة وحجم الشركه ثابت الاشهر مختلفة فكلما قل الرقم عن الواحد كلما كانت الشركة أنجح.

البزنس مودل وأهميته:

حقيقتا البزنس مودل لوحده قصة وربما أحد الاشياء التي ممكن أن تميز مشروعك عن غيره.

باختصار هو العمليه المستخدمه لجني الارباح

مثلا الفي سبوك له بزنس مودل خاص به لينكد ان كذلك له بزنس مودل خاص به فكلما كنت مبدع في طريقة طرحك للبزنس مودل كلما كنت ناجح في مشروعك.

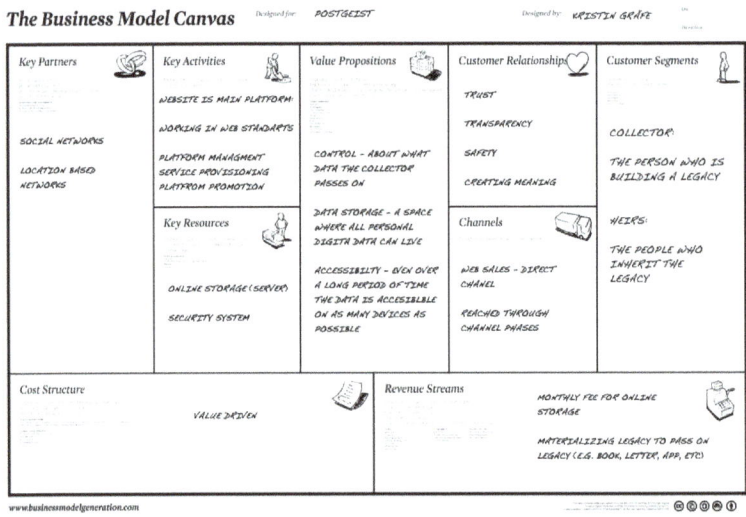

الرابط:

http://www.forbes.com/sites/tedgreenwald/2012/01/31/business-model-canvas-a-simple-tool-for-designing-innovative-business-models/

الخطة المالية وأهميتها البالغة:

الخطة المالية من أهم الاشياء التي تجعلك تحصل علي تمويل من البنك أو من المستثمرين , مرفق لكم ملخص الخطة المالية التي فزت بها هنا في كندا:

PLAN iT

Top Business Plan Award

This Is To Certify That

MOHAMED ABOU EL FISH

Has Won A Kobo Reader & Chapters Gift Card
and a $5000 Scholarship* to the MTEI Program at McMaster University
*Scholarships available to each team member, pending eligibility
(please contact Deborah Smaluck smaluck@mcmaster.ca after July 4, 2011 to inquire)

Presented by McMaster University's Xerox Centre for Engineering Entrepreneurship & Innovation and Innovation Factory
on June 22, 2011 at McMaster University, Convocation Hall

Dr. Rafik Loutfy
Director of the XCEEi at McMaster University

innovation FACTORY

Ron Neumann
Executive Director of Innovation Factory

PLAN It,Top Business Plan Award, McMaster University, 2010

ملاحضة : يوجد في الملحق كامل خطة العمل الفائزة بالغة الإنجليزية.

خطة العمل

تتكون خطة العمل من التالي:

الملخص التنفيذي:

هومن أهم مكونات خطة العمل حيث تقوم بشرح المشروع بدقة, وخلال هذه البضعة أسطر أو الصفحات لابد أن يفهم المتلقي الخطة كاملة فإما أن يعجب بالفكرة وإما سوف يضعها جانبا ,فأحرص على أن كون ملخصك التنفيذي وافيا ومختصرا ولابد أن يكون المشروع واضح, مثلا نوع التكنلوجيا المستخدمة والأرباح واضحة والعائد على رأس المال , في صفحة واحدة فقط, على الحد الأقصى صفحتين.

الفهرس:

وهو مكونات خطة العمل

وصف الشركة و ماهي القيمة التي سوف يضيفها المشروع

هنا تقوم بالشرح المفصل للمشروع وكيف ستتم دخول السوق والقيمة الخاصة والفريدة للمشروع ,لأكثر تفاصيل الرجاء الرجوع للملحقات في أخر الكتاب.

إدارة المشروع:

هنا تقوم بتفصيل فريق العمل والأدوار لكل فرد ومن صاحب الفكرة والمخترع كل مايختص بفريق العمل كما يمكنك أن تقوم بعمل جدول كالتالي:

Assembling the Project Team

Project Team	Manufature responsible	Test observatories	Operator	Production Specialist	Strategist	Market Planning	Responsible of Line of Production	Health & Safety Professional	Legal Affairs	Sales Specialist
Mahmoud Alleathy		X					X			
Moe Abou el fish	X				X					X
Elias Shahin	X			X						
Mohamed Hamdan			X							X
Ranjit Brar						X		X		
Andrew D Pringle								X	X	
Mic marsino	X		X							

Identification of needed skills sets and partners

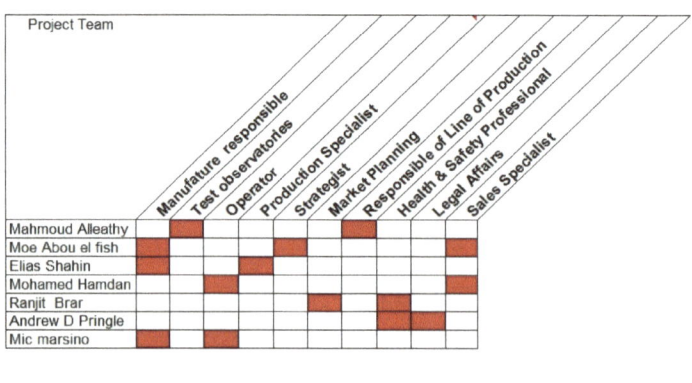

دراسة السوق والمنافسيين:

هنا لابد من شرح السوق وشرح إمكانيات المنافسيين ونسبة كل منافس في السوق الحالية و ماهي ردة فعل السوق الحالية كما يمكنك قراءة بحوث خاصة بمنتجك ,في المشاريع الضخمة يتم شراء بحوث بألاف الدولارات.

المثال بالأسفل شرح عن المنافسيين في سوق المكيفات

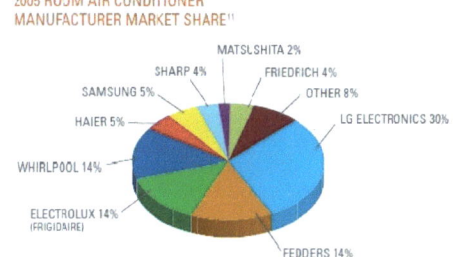

2005 ROOM AIR CONDITIONER MANUFACTURER MARKET SHARE[1]

MATSLSHITA 2%
SHARP 4%
FRIEDFICH 4%
SAMSUNG 5%
OTHER 8%
HAIER 5%
LG ELECTRONICS 30%
WHIRLPOOL 14%
ELECTROLUX 14% (FRIGIDAIRE)
FEDDERS 14%

مستوى الجودة للمنتج المقترح مقرنتا مع المنافسيين:

CRITERIA	DEVICES PERFORMANCE IN MARKET	OUR DEVICE PERFORMANCE UNIQUENESS
Energy Efficiency Ratio (EER)	8-9 EER	15-18 EER
Noise Level(dB)	50 dB	>50% 25 dB
Weight	50-70 kg	>30% 35-55 kg
Watts	1070 W	>60% 400 W
Benefit for consumer		25%+500%=525% PER YER

المنافسة:

شرح عن المنافسيين والسوق .....الخ ,بالإعتماد على ارقام ودراسا وكذلك خطة النموذج المالي للمنافسيين

كيفية دخول السوق:

بعد عمل التحليل المناسب لابد من شرح كيف سيتم دخول السوق من طرفكم.

ردة فعل المنافسيين:

لابد من شرح ردة فعل المتنافسين حين دخولكم السوق وكيف سوف يتم التعامل معها من طرفكم

البحث الأولي للسوق:

وهو عبارة عن بحث تقوم به في الإنترنت ومن خلال البحوث السوقية المتواجدة

البحث الثاني للسوق:

هنا تقوم بسؤال الزباءن المحتملين لك وتضع إستنتاجات من خلال ذلك وممكن أن تستنتج حجم السوق لديك أكثر

الخطة التسويقية والدعائية

هنا لابد من توضيح الخطة الفريدة لدخول السوق وماهي الميزة الدعائية للمنتج وماهي السيناريوهات المتوفرة ومن خلال مصفوفة إتخاذ القرار يمكنك تحديد أي سيناريو هو الأفضل.

الخطة التصنيعية :

نفس الشيئ تستخدم التقنيات السابقة الذكر.

الدراسة المالية:

لابد من إستيفاء الدراسة المالية لأن المستثمر لن يضع أي أموال بدون أن يعرف العائد على رأس المال والمدة المطلوبة لذلك.

الملخص:

في الملخص يتم شرح المشروع وماهي الفوائد والعوائد منه .

النمو السنوي للسوق المستهدفة:

مثال في الجدول السفلي

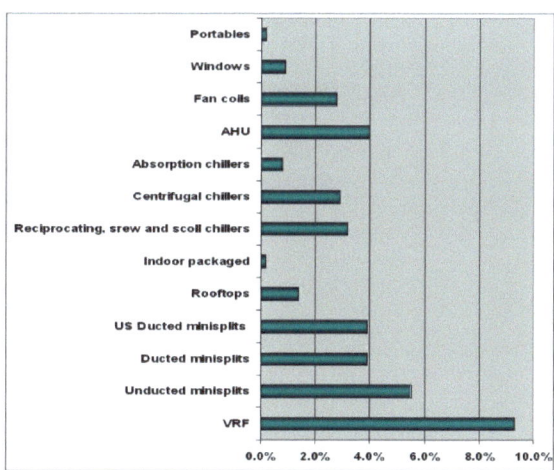

Figure 1. Average annual value growth rate by product, %, 2007-2012

الجزء الثالث : تقنيات هامة في عالم البزنس:

أهمية العلاقات:

لاتتصور أن تحصل على صفقة بدون بذل مجهود , أو سوف تنجح شركتك بدون تعب فلابد من التحرك و عمل علاقات كثيرة هي من سترفعك إلى الأعلى لكن إنتبه فليست كل العلاقات جيدة , لابد من تحديد مع من تريد عمل علاقة.

أفضل طريقة لعمل علاقة مع أي شخص تريد:

تسمى طريقة الإثنى عشرة بمعنى إذا رغبت بالإتصال في شخص لابد من التقرب له من خلال الأشخاص المقربين له بحد أقصى 12 شخص , سوف تجد أنك وقبل ذلك وصلت إلى العلاقة التي ترغب بنجاح.

ماهي قصة الصين ببساطة وكيف حققوا هذا النجاح:

الشفافية هي أهم مميزات الصين حيث انهم لايضيعون كلامهم في الحديث بل في الانجاز, و كلمة نعم هي الحاضرة دوما لديهم , لذلك ننصح بأن تستخدم كلمة نعم حتى لو اردت ان تستخدم كلمة لا قل نعم لاكن وقل لديا ملاحضات على كلامك.

كيفية حساب حجم السوق أوالحصة السوقية ؟:

هناك عدة طرق لعمل ذلك منها:

البحث في الكمبيوتر

قراءة تقارير اقتصادية

هنا سؤال مهم , ماهو الحل في حالة لم أعرف إستخراج نسبه السوق

الجواب:

إختر 100 شخص أو 50 أو 20 أو 10

وإسئلهم عن مشروعك فإذا كان عدد الموافقين على مشروعك 30 مثلا يعني إن نسبتك في السوق

هي 30 وهكذا نسبة وتناسب.

كيف تحقق أهدافك ملاحضة هامة

لكن انتبه ما تعلمناه سابقا من الكتاب هو اختيار السوق الصحيح لانه يمكنك أن تتخطي الحواجز المذكورة أعلاه ,لكن ربما تنتهي بنتائج لا تلبي أهدافك المالية , فالذكاء لا يكفي لوحده بل السوق أو ملعبك لابد ان يكون جيد, كبير الحجم ومدروس جيدا .

SOURCE: http://www.bubblews.com/news/450851-how-to-reach-your-goal

منحنى بيت الجودة :

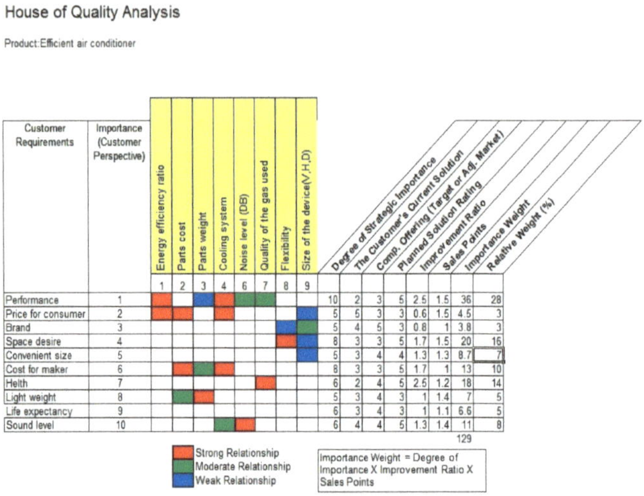

House of Quality Analysis
Product:Efficient air conditioner

وهو من أهم الوسائل المساعدة لمعرفة نقاط الضعف والقوة والنقاط التي لابد من التركيز فيها في مشروعك من خلال تحليل الزبون, كما أنصح كل شخص إستخدامها فهي هامة جدا.

تقنيات لتقوية شركتك:

في الأسفل بعض التقنيات لتقوية شركتك منها على سبيل المثال:

- عمل إتفاقات مع شركات أخرى.
- العمل في تخصص يكمل أو يظيف شيئ لشركة موجودة قائمة وناجحة.
- دخول السوق بقوة بفكرة جديدة ومميزة تنافس بقوة المتواجديين في السوق ولها مميزات فريدة.

الإدارة التغييرية:

أحد أهم التقنيات في ريادة الأعمال وكيف حولت وضع سيئ الى شركة مهمة في التصميم ألا وهي الإدارة التغييرية. فقد بدأت أعمل في مكتب هندسي بأجر مقبول إلا ان المدير كان صعب التعامل وفي حقيقة الأمر من المدراء القدامى الذي لم يصمد لديه من الموظفين إلى القليل ,لذلك كنت أفكر كيف انني أعمل تغيير للموقف مع هذا الشخص, فعملت معه إلى ان أتت الفرصة لعمل فكرة شركتي الشخصية , قلت له لدي زبائني فما رأيك بعمل فرع للمكتب في مدينة أخرى فقال لما لا. وهكذا حولت وضع سيئ إلى وضع أفضل ,حتى أنني صرت أدفع نسب من الارباح للمكتب الذي كان يعتبر مشغلا لي.

خطوات تنفيذ المشاريع:

لو سألتني إعمل مشروع في بلد معينة ما سوف أعمله هو التالي:

- لابد أن يكون لدي الرغبة في المنتج أو العمل.
- أدرس السوق من الانترنت مع قراءة تقارير أجدها عادة في الغرف التجارية ربما.
- أقوم بالتأكد اذا كان السوق كبير ونسبتي مقبولة وحجم التطور المستقبلي جيد.
- لابد ان أعرف وأتاكد أنني سوف أمضي وقتي في المشروع ربما عده سنوات.
- أقوم بالفحص مرة أخرى وأبدأ بشق طريقي في المشروع.

خطوات إختيار التخصص:

لو سألتني أختر تخصصك ما سوف أعمله هو التالي :

- سوف أبحث في مواقع الجامعات عن التطلعات المستقبلية للدولة والدراسات الموجودة.
- أتكلم مع أحد هيئات التوظيف وأستمع إلى رئيهم بخصوص أسواق العمل المستقبلية.
- أتحدث مع أحد أصحاب المهن التي أرغب في الإنخراط فيها وأستمع إلى رئيهم.
- أضع نفسي وكأنني أعمل هذه المهنة وأحدد.
- ممكن أن أعمل في هذا التخصص في الصيف لكي أحدد إذ أنا فعلا أحبه أم لا, فمادام أنك في طور الدراسة فيمكنك التغييرو التعديل قبل فوات الأوان.
- هل هذا التخصص سوف يلبي إحتياجاتي المالية فعلا.
- من الممكن أن أنخرط في العمل بدون الحاجة إلى عمل دراسات متقدمة إذا وجدت أن عملي يلبي حاجاتي الحالية والمستقبلية من ناحية مالية.

الجزء الرابع: افضل وأنجح شركات العالم

رؤية الشركات:

فيما يلي أمثلة من أربعة أفضل القادة المعروفين من الشركات في الولايات المتحدة جوجل، تويوتا ، جونسون آند جونسون ، ومايكروسوفت. كل من هؤلاء القادة يعتبرون من بين قادة التغيير الأكثر نجاحا في العالم .

عشرة أشياء وجدتها شركة قوقل صحيحة:

1. التركيز على المستخدم هي اهم شيئ

منذ البداية، لقد ركزنا على توفير أفضل تجربة للمستخدم. لدينا واجهة موقع واضحة وبسيطة ، و تحميل الصفحات على الفور . التنسيب في نتائج البحث لايباع أبدا لأحد، و وضع الإعلانات في موقعنا يكون دائماواضح جدا للمتلقي ، فإنها توفر محتوى جيد و ليس مشتت للمتلقي. و عندما نبني الأدوات والتطبيقات الجديدة ، فإننا نعتقد أنها يجب أن تعمل بشكل حيث ان المستخدم لا يحس بالفرق في اتصميم .

2. من الأفضل أن تفعل شيئا واحدا جيدا ، جيدا

نحن نبحث . مع واحدة من أكبر المجموعات البحثية في العالم تركز حصرا على حل مشاكل البحث ، ونحن نعرف ما نقوم به بشكل جيد ، وكيف يمكننا أن نفعل ذلك على نحو أفضل. من خلال استمرار التكرار على حل المشاكل الصعبة ، كنا قادرين على حل المسائل المعقدة وتقديم تحسينات مستمرة ل خدمة الذي يجعل بالفعل العثور على المعلومات تجربة سريعة و سلسة بالنسبة للملايين من الناس . تفانينا ل تحسين البحث يساعدنا على تطبيق ما تعلمناه لمنتجات جديدة ، مثل GMAIL و خرائط جوجل. هدفنا هو انتشار البحث إلى مناطق لم تستكشف من قبل ، ومساعدة الناس على الوصول واستخدام أكثر من المعلومات الآخذة في التوسع في حياتهم .

3. سريع أفضل من بطيئ

نحن نعرف قيمة وقتك ، لذلك عندما تبحث عن جوابا على شبكة الإنترنت نوفرها على الفو. قد نكون الشركة الوحيدة في العالم التي تستطيع أن تقول هدفنا هو أن يغادر مستخدم خدمة موقعنا في أسرع وقت ممكن .لقد كسر لدينا سجلات السرعة الخاصة عدة مرات ، حتى أن متوسط زمن الاستجابة على نتيجة البحث هو جزء من الثانية . وناخذ السرعة في عين الاعتبار مع كل منتج جديد علن عنه، سواء كان ذلك في تطبيقات الهاتف المتحرك أو جوجل كروم، متصفح مصممة ل تكون سريعة بما فيه الكفاية لشبكة الإنترنت الحديثة . و نحن نواصل العمل على جعل كل شيءأسرع .

4. الديمقراطية في الأعمال على شبكة الإنترنت

بحث جوجل يعتمد على الملايين من الأفراد التي تنشر الروابط على المواقع الأخرى التي تقدم محتوى ذا قيمة . نحن نقيم أهمية كل صفحة الويب باستخدام أكثر من 200 إشارات ومجموعة متنوعة من التقنيات، بما في ذلك لدينا براءة اختراع خوارزمية لتصنيف الصفحة، الذي يحلل الموقع ويحدد أفضل مصادر المعلومات في الصفحات الأخرى عبر شبكة الإنترنت. كما يحصل على شبكة الإنترنت أكبر ، وهذا النهج يحسن في المواقع ، حيث أن كل موقع جديد هو نقطة أخرى من المعلومات و يهمنا فرزها. في السياق نفسه ، نحن جادون في تطوير البرمجيات المفتوحة المصدر، حيث يأخذ مكان الابتكار من خلال الجهد الجماعي لكثير من المبرمجين.

5. أنت لست بحاجة إلى أن تكون على مكتبك لتحصل إلى إجابة

العالم على نحو متزايد عبر الهاتف النقال: الناس يريدون الوصول إلى المعلومات أينما كانوا، كلما كانوا في حاجة إليها . نحن الرواد بتكنولوجيات جديدة تقدم حلولا جديدة ل خدمات الهاتف النقال التي تساعد الناس في جميع أنحاء العالم للقيام بأي عدد من المهام على هواتفهم ، من التحقق من البريد الإلكتروني والتقويم الأحداث ل مشاهدة أشرطة الفيديو ، ناهيك عن عدة طرق مختلفة للوصول إلى جوجل بحث على الهاتف . بالإضافة إلى ذلك، نحن نأمل أن يزداد الابتكار لمستخدمي الهواتف المتحركة في كل مكان مع اندرويد. اندرويد فتح عالم المحمول . ليس فقط لصالح فائدة المستهلكين اندرويد وكذلك للذين لديهم المزيد من الخيارات و تجارب جديدة مبتكرة ، وهو يفتح فرص الدخل للشركات المصنعة و المطورين.

6. يمكنك كسب المال دون أن تفعل الشر

جوجل هي الأعمال التجارية. عائدات نحن توليد مشتق من تقديم تقنية البحث للشركات ومن بيع الإعلانات المعروضة على موقعنا وعلى مواقع أخرى عبر الويب. مئات الآلاف من المعلنين في جميع أنحاء العالم تستخدم AdWords للترويج لمنتجاتها. مئات الآلاف من الناشرين الاستفادة من برنامج AdSense لتقديم إعلانات ذات صلة لمحتوى الموقع. للتأكد من أننا جميعا مستخدمينا تخدم في نهاية المطاف (سواء كانوا من المعلنين أو لا)، لذلك لدينا مجموعة من المبادئ التوجيهية للبرامج والممارسات التي تعلن لدينا:

• نحن لا نسمح الإعلانات ليتم عرضها على صفحات النتائج إلا إذا كانت ذات اصل حيث يتم عرضها. ونحن نعتقد اعتقادا راسخا أن الإعلانات يمكن أن توفر معلومات مفيدة إذا، وفقط إذا، كانت ذات اصل واضح لماذا كنت ترغب في العثور - لذلك من الممكن أن بعض عمليات البحث لن تؤدي إلى أي إعلانات على الإطلاق.

• ونحن نعتقد أن الإعلان يمكن أن تكون فعالة دون أن تكون براقة. نحن لا نقبل الإعلانات المنبثقة، والتي تتعارض مع قدرتك على رؤية المحتوى الذي طلبته. لقد وجدنا أن الإعلانات النصيةمن شخص معين وضعها بنفسه افضل من الإعلانات التي تظهر بشكل عشوائي. أي معلن، سواء كان صغير أو كبير، يمكنه الاستفادة من هذه الوسيلة المستهدفة للغاية.

• دائما يتم التعرف الإعلان على جوجل بشكل واضح بأنه "برعاية وصله". نحن أبدا لا نتلاعب في التصنيف العالمي بوضع شركائنا أعلى في نتائج بحثنا، ولا أحد يستطيع شراء أفضل موقع لشركته. مستخدمينا يثقون بنا، ونحن لا نبحث عن مكاسب ذات مدى قصير يمكن أن تقضي على هذه الثقة.

7. هناك دائما مزيد من المعلومات هناك

نحن نقوم بفهرسة أكثر صفحات HTML على شبكة الإنترنت من أي خدمة البحث الأخرى ، تحول اهتمام مهندسي الشركة في الحصول على المعلومات التي لم يمكن الوصول إليها بسهولة . في بعض الأحيان مثلا مجرد مسألة دمج قواعد بيانات جديدة في البحث ، مثل إضافة رقم الهاتف وعنوان البحث و دليل الأعمال . تتطلب جهود أخرى أكثر قليلا الإبداع، مثل إضافة القدرة على البحث محفوظات الأخبار ، وبراءات الاختراع ، والمجلات الأكاديمية و مليارات الصور و ملايين الكتب . و باحثينا مواصلة البحث في سبل لجلب المعلومات من جميع انحاء العالم للناس الحصول على إجابات

جيد لا يرضينا دائما

ونحن نرى أن الافكار لابد ان تكون كبيرة كنقطة انطلاق، وليس في النهاية. وضعناها لأنفسنا أهدافا ونحن نعلم أننا لا يمكن أن نصل اليها الآن، لأننا نعرف أنه من خلال تنفيذها سوف نتمكن من الحصول على مزيد مما كنا نتوقع. من خلال الابتكار والتكرار، ونحن نهدف أن تأخذ الأمور التي تعمل بشكل جيد وتحسينها بطرق غير متوقعة. على سبيل المثال، عند واحد من مهندسينا رأى هذا البحث بشكل جيد للكلمات مكتوبة بشكل صحيح، وتساءل عن كيفية التعامل مع الأخطاء المطبعية. التي دفعته لإنشاء المدقق الإملائي. حتى لو كنت لا تعرف بالضبط ما كنت تبحث عنه، إيجاد إجابة على شبكة الإنترنت هي مشكلتنا، وليس لك. ونحن نحاول استباق احتياجات لم تكن واضحة حتى الآن من قبل جمهور عالمي لدينا، والالتقاء بهم مع المنتجات والخدمات التي وضعت معايير جديدة.

عندما أطلقنا GMAIL، وكان مساحة تخزين أكبر من أي خدمة بريد الإلكتروني متاحة. في وقت لاحق الطرح الذي يبدو واضحا - لكن الآن لدينا معايير جديدة لتخزين البريد الإلكتروني. تلك هي أنواع التغييرات التي نسعى لجعل، ونحن نبحث دائما عن أماكن جديدة حيث يمكننا إحداث فرق. في نهاية المطاف، عدم الرضا المستمر لدينا من الوضع كما هو عليه يصبح الدافع وراء كل ما نقوم به.

8. الحاجة إلى معلومات تعبر كل الحدود :

تأسست الشركة في ولاية كاليفورنيا ، ولكن مهمتنا هي تسهيل الحصول على المعلومات للعالم بأسره ، وفي أي كل لغة . تحقيقا لهذه الغاية ، لدينا مكاتب في عشرات البلدان ، وأكثر من 150 مجالات إنترنت ، نصف معلوماتنا تخدم للأشخاص الذين يعيشون خارج الولايات المتحدة. نحن نقدم واجهة بحث GOOGEL في أكثر من 110 لغة ، تقدم للناس القدرة على تقييد النتائج إلى المحتوى المكتوب بلغتهم ، و نهدف إلى توفير بقية التطبيقات و المنتجات لدينا في كثير من اللغات . باستخدام أدوات الترجمة التي لدينا ، يمكن للناس اكتشاف المحتوى المكتوب على الجانب الآخر من العالم في لغات لا يعرفونها . مع هذه الأدوات ومساعدة المترجمين المتطوعين ، كنا قادرين على تحسين كبير على جودة الخدمات التي يمكن أن تقدم حتى في أكثر الزوايا النائية من العالم .

يمكنك أن تكون جدي في عملك بدون مقر فخم:

بنا مؤسسي جوجل لدينا حول فكرة أن العمل يجب أن يكون تحديا، ويجب أن يكون التحدي المرح. ونحن نعتقد أن الأشياء الإبداعية العظيمة هي نقطة التحدي مع ثقافة الشركة. نحن نؤمن بانه لابد من التركيز على إنجازات الفريق والفخر في الإنجازات الفردية التي تساهم في النجاح الشامل لدينا. وضعنا رصيد كبير في موظفينا - حيوية، وموظفينا من خلفيات متنوعة يستخدمون أساليب إبداعية في العمل واللعب والحياة. قد يكون لدينا جو مختلف، ولكن أفكارنا جديدة قد تظهر في مقهى، في اجتماع الفريق أو في الصالة الرياضية، وتداولها، واختبارها ووضعها موضع التطبيق بسرعة مذهلة - وأنها قد تكون منصة انطلاق لمشروع جديد جاهز للاستخدام في جميع أنحاء العالم.

أساسيات العمل في شركة تويوتا:

أنشئت في عام 1990، المعدل في عام 1997.

1. تكريم لغة وروح القانون لكل أمة والقيام بأنشطة مفتوحة وعادلة لتكون الشركة موطنا لكل العالم.

2. احترام ثقافة وعادات كل أمة والمساهمة في التنمية الاقتصادية والاجتماعية من خلال أنشطة الشركات في المجتمعات المحلية.

3. نكرس أنفسنا لتقديم منتجات نظيفة وآمنة وتحسين نوعية الحياة في كل مكان من خلال جميع أنشطتنا.

4. إنشاء وتطوير التقنيات المتقدمة، وتوفير المنتجات والخدمات التي تلبي احتياجات العملاء في جميع أنحاء العالم.

5. ثقافة مؤسسية تعزز الإبداع الفردي وقيمة العمل الجماعي، وذلك من خلال تكريم الثقة والاحترام المتبادلين بين العمال والإدارة.

6. متابعة النمو في وئام مع المجتمع العالمي من خلال الإدارة المبتكرة.

7. العمل مع الشركاء التجاريين في مجال البحث لتحقيق نمو مستقر وطويل الأجل والمنافع المتبادلة، مع عقد شراكات جديدة.

خمسة مبادئ رئيسية لتويوتا

- أن تكون دائما وفية لمهامكم، وبالتالي المساهمة في الشركة والصالح العام.
- أن تكون دائما مواظبة في الإبداع، والسعي إلى البقاء في صدارة الشركات.
- أن تكون دائما عملية وتجنب العبثية.
- نسعى دائما لبناء جو عائلي في العمل الذي دافئ وودي.
- لدينا دائما احترام الله، وتذكر أن تكون الشركة ممتنة في جميع الأوقات.

جونسون&جيمس بيرك، الرئيس التنفيذي لشركة جونسون:

نحن نعتقد المسؤولية الأولى بالنسبة لنا هي للأطباء والممرضين والمرضى، للأمهات وجميع الآخرين الذين يستخدمون منتجاتنا وخدماتنا. في مواجهة كل احتياجاتهم لذلك منتجاتنا يجب أن تكون ذات جودة عالية. يجب أن نسعى باستمرار لخفض التكاليف لدينا من أجل الحفاظ على أسعار معقولة.
يجب ان نخدم طلبات الزبائن بسرعة وبدقة.
لدينا نعطي الموردين والموزعين فرصة لتحقيق ربح عادل.
نحن مسؤولون عن موظفينا، والرجال والنساء الذين يعملون معنا في جميع أنحاء العالم.

يجب أن ينظر الجميع كفرد. يجب علينا احترام كرامتهم والاعتراف بهم خصاصة. يجب أن نشعرهم بالأمن في وظائفهم. يجب أن يكون راتب عادل ومناسب، وظروف العمل نظيفة، منظمة وآمنة.
يجب أن نضع في اعتبارنا الطرق لمساعدة موظفينا الوفاء بمسؤولياتهم الأسرية. يجب على الموظفين ان لا يترددوا في تقديم الاقتراحات والشكاوى. يجب أن يكون هناك تكافؤ فرص العمل، والتنمية والتقدم لأولئك المؤهلين. يجب أن نوفر الإدارة المختصة، ويجب أن تكون الإجراءات عادلة وأخلاقية. نحن مسؤولون تجاه المجتمعات التي نعيش ونعمل فيها، وإلى المجتمع الدولي أيضا. يجب ان تكون شركتنا داعمة للأعمال الصالحة والجمعيات الخيرية وكما اننا ندفع نصيبنا العادل من الضرائب. يجب علينا أن نشجع التحسينات المدنية وتحسين الصحة والتعليم وحماية البيئة والموارد الطبيعية. مسؤوليتنا الأخيرة هي لحاملي الأسهم لدينا.
العمل يجب ان يجني ربحا لا بد لنا من تجربة أفكار جديدة. يجب أن يتم إجراء البحوث بشأن تطوير برامج مبتكرة والأخطاء يدفع ثمنها. يجب شراء معدات جديدة، ومرافق جديدة قدمت والمنتجات الجديدة التي أطلقت.
يجب إنشاء احتياطي لتغطية الأوقات السلبية. عندما نعمل وفقا لهذه المبادئ، ينبغي أن المساهمين يدخلون عائد عادل.

شركة مايكروسوفت :

بيل جيتس

2004 مقتطفات

بنيت مايكروسوفت على الابتكار، ومستقبلنا يعتمد على ذلك. نحن في وضع غير عادي لتقديم قيمة أكبر للعملاء من خلال مجموعة واسعة من التقنيات المصممة كما تكمل كل منتجات وخدمات طرف ثالث أخرى وعديدة. هذا هو ما نعنيه الابتكار متكامل، وهو أمر أساسي لاستراتيجية أعمالنا. لدفع الابتكار، مايكروسوفت لديها التزام طويل الأجل للبحث والتطوير.

جلبت استثماراتنا حتى الآن عن كثير من المنتجات الناجحة التي نقدمها اليوم، وقامت ببناء مخزن قيمة متزايدة من الملكية الفكرية. في السنة المالية 2004، طبقنا لأكثر من 2000 براءة اختراع على بعض من ابتكاراتنا الأخيرة. خلال السنة المقبلة، ونحن نخطط لتسجيل 3000 براءة اختراع آخر، الأمر الذي سيجعل لنا واحدة من أكبر دافعي براءات الاختراع في العالم. وابتكاراتنا المتاحة للاستخدام واسع في منتجات الآخرين من خلال برامجنا لها براءات الاختراع.

Windows XP SP2 ، التركيز الرئيسي للابتكار لدينا هو الأمن. وبعد هذا التقدم في نظام التشغيل نحن نعمل على تطوير تقنيات متقدمة من شأنها أن تساعد عزل أجهزة الكمبيوتر من هجمات الانترنت وجعلها أكثر مرونة عندما يتعرضون للهجوم. نحن نسهل على العملاء للحفاظ على أنظمتها مع تحديث لدينا أحدث والبرامج الأكثر أمانا.

بالإضافة إلى ذلك، نحن نتعاون مع قادة الصناعة الآخرين لتطوير الاستجابات المجتمعية أكثر فعالية لمواجهة التهديدات الأمنية، والعمل بشكل وثيق مع الحكومات في جميع أنحاء العالم لجلب مجرمي الإنترنت إلى العدالة. من خلال هذا النهج واسع، متعدد الجوانب، وهدفنا هو للمساعدة في تحقيق تحسينات كبيرة في مجال الأمن، وتساعد في الحفاظ على فوائد التكنولوجيا للجميع.

وتركز لدينا الابتكار أيضا على الفرص المتاحة في السوق مثيرة عبر أعمالنا، ونحن نعتقد تمتلك إمكانية كبيرة للنمو خلال السنوات القليلة القادمة.

ونعمل على الابتكار في مجال التكنولوجيا، على وجه الخصوص نحن نعمل لتقديم العملاء والشركاء تجربة لا مثيل لها. عبر الشركة، ونحن من عادتنا الاستماع، وردود الفعل، وأنظمة استجابة جديدة لمساعدتنا في الاستجابة بسرعة وبشكل مناسب. باستخدام تكنولوجيات الإعلام عن الخطأ الآلي، ونحن قمنا بإصلاح أغلبية كبيرة من تعطل جهاز الكمبيوتر وتوقف ذكرت من قبل العملاء، وقمنا بتعزيز نظام الاستجابة الميدانية وحلها بشكل إيجابي لأكثر القضايا التي ذكرت من قبل العملاء.

الخلاصة

الكتاب يتحدث عن أهم قرارين في حياة أي شخص. كما إن القرارات محددة بوقت محدد، بدون إتخاذ قرار سوف تضيع المزيد من الوقت والمال.

لو إفترضنا أنك اخترت القرار المناسب في سن مبكرة كما قلنا أعلاه، سوف تصبح الأمور أكثر وضوحا وسهولة، الأمر الذي سيجعل قرارك القادم أسهل وأدق. لقد أظهرنا في هذا الكتاب العديد من التقنيات التي من المفترض أن تساعدك أثناء تنفيذ تلك القرارات.

يجب إختيار المجال المهني لديك بدقة فالمجال له علاقة مباشرة مع حجم السوق ، إذا كان السوق الخاصة بك ليست كبيرة بما فيه الكفاية لا تتوقع أن تكون في وضع الثروة، لا يهم أنت طبيب أو عامل عادي حجم السوق هو الذي يحدد.

أي عشوائية في حياتك يمكن أن تقودك إلى الطريق الخطأ ويمكن أن تدمر بسهولة حياتك المالية، والتي سوف تؤثر على حياتك كلها.

الثروة لديها علاقة قوية مع روح المبادرة نظرا لذلك لقد وضعت لك جملة من التقنيات الهامة , أيضا مجموعة متنوعة من المعلومات لأصحاب المشاريع الجديدة لتقييم وإنشاء الأعمال التجارية.

فهم خريطة المال وحجم السوق الذي تريد بدء العمل فيه تعتبر من أهم الأشياء في تأسيس أي شركة جديدة. نظرا لذلك يجب اتخاذ القرارات الصحيحة في سن مبكرة دون أن ننسى أن نوازن بين أنشطة الحياة المذكورة.

كما نستخلص من الكتاب انه هناك نقطتين هامتين في الحياة

النقطه الأولى : إختيار تخصصك الدراسي والذي سيرافقك لمدة كبيرة في حياتك.

النقطة الثانية : وهي نقطه اللاعودة وهي إختيار عملك ومن هنا ممكن ان تحول حياتك لسعادة, والتردد والعشوائية في إختيار هذه النقطة ممكن أن يؤثر سلبا على حياتك المالية.

إدارة المال وريادة الأعمال

الملحقات:

بالأسفل خطة المشروع الحائزة على جائزة أفضل خطة مشروع في كندا:

1: BUSINESS PLAN

Prepared by
M. Abou El Fish

Report submitted to

Instructor: *Dr. Steve Treiber*

SEP 724

Xerox Center for Engineering Entrepreneurship & Innovation

McMaster University

July 18rd, 2011

Business Plan

Owners

Business Name: M Abouelfish
Address Line 1: 399 Queen Victoria Drive
City, ST ZIP Code   Hamilton, L8W1P8
Telephone: 647-407-7014
Fax: 905-983-8395
E-Mail:Eng.m1972@gmail.com

1. Executive Summary:

Business Description:

We are working in a new generation of green Room Air Conditioner. Significant peaks may only occur rarely, such as two or three times yearly, requiring significant capital investments to meet infrequent events. Rooms (AC) present a huge market these days due to the global warming. Currently there is a need for technological improvement in this industry. People want to save electricity or to be precise save money by reducing the total amount of their bills. Moreover the government everywhere now thinks to save electricity due to the exigency of the environment impact and international roles. Our technology in a Room Air Conditioner product will have higher efficiency, be less noisy, and be more affordable.

Our customer will be the manufacturer of Room Air Conditioner, and the value for them will be competitive advantage:
- By reducing the cost
  - -Uses less copper.
  - -New cheap raw material aluminum.
- Reduce the lead time.
  - -Aluminum is more readily available than copper
- More flexibility in price
  - -Gross margin will be higher than the existing.
- They can market the technology as a greener technology.

Value proposition for customers' customer
- Lower operating cost
  - -More efficient device.
- Quieter.
  - - Uses smaller compressor.
- Air conditioning with a clearer conscience
  - -Environmentally friendly (Less harm for the environment).
- Flexibility in placement.

Profitability for investor:

			Profitability for investor					
Equity + retained earning (5th year)			1,856,208					
	Discount Rate		10%					
	NPV		300,000Cad Dollar					
	Investment		120,000Cad Dollar equal to			35%		
			Year1	Year2	Year3	Year4	Year5	
Net Cash Flow			17,500	1,310,000	6,455,000	11415000	13645000	
20 % net cash Return for investor			3500	262000	1291000	2283000	2729000	
Total Return to investor			43600	305600	1596600	3879600	6608600	
Pay back in the 2 year			And 1000% Return-on-Investment in the fifth year(ROI)					

إدارة المال وريادة الأعمال

2. Table of Contents

3 - General Description of the Business:

- Our vision is to create a business based on a Room Air Conditioner that's "greener", friendlier to the environment.
- Our goal is to cool room space with the lowest electricity consumption which will help to reduce electricity during peak hours.
- Our technology was invented in 2007.
- Our plan to license our technology to the existing manufacturer such as LG, Samsung....Ex by giving them good competitive advantages.

4 - Brief Background of the Entrepreneurs:

- Mohamed Abou el Fish was born In Algeria in 25-6-1972 studied Architecture and started his consulting company in 1994. He has PMP (Project Management Professional) certificate and he is currently finishing his Masters in Entrepreneurship and Innovation at McMaster University.

Business Owners:

Greg Robert

Mohamed Abou el fish

Mahmoud Alleathy

5- Product / Service Description :

- We will enter this market with a new device and technology by :
- Saving 60 % of electricity
- 50 % of noise
- Inexpensive devices

- The invention has an existing patent in international Organizations:
  1\PCT/EG2009/000031
- Our technology will have solution for both the user and the industry:

Products/Services:

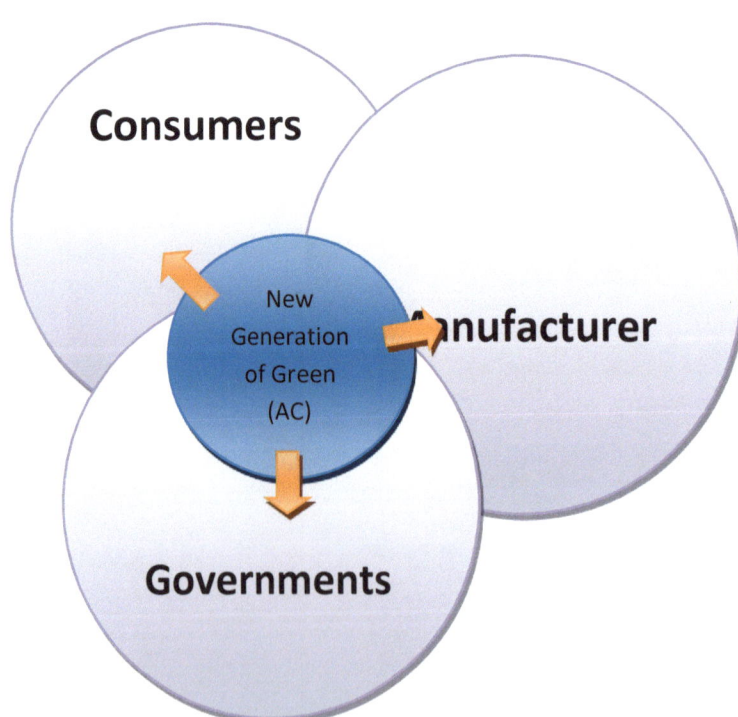

For Users:

- Our technology in a Room Air Conditioner product will have higher efficiency, less noise, and be more affordable.
- Our product can be installed outside the cooled room, which can be used to cool internal rooms that does not have exterior walls or windows; this also helps to reduce noise.

For the industry:

- Our technology will give manufacturers competitive advantages for this market by reducing cost, and new product.

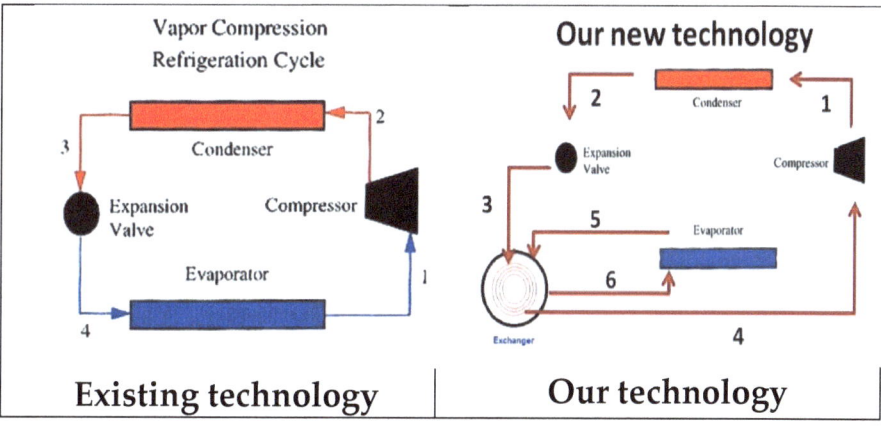

6- Market Description and the competition :

- According to (Tim Page) 2008 the market of Room (AC) was estimated 16.2 million units.

- The US market remains the world market leader for window/through the wall systems with 70% by volume.
  Market70%=11.34 million units.

  11.34 x 223=2.528 billion Cad $ /

  70% volume

  References: 1 -BSRIA "building services and facilities management"

1- Competitor:

Our competitor will be the manufacturer of chillers system.

Company name	Power consumptions (KW)	Space to cool (Square Ft)	Cooling capacity (Tons)
Trane Inc chillers	390–5925	44400 - 674000	111–1685
Carrier / UTS chillers	13 - 100 and 1000-1800	24000 - 156000	60 - 390
Johnson Controls chillers	600 - 1500	68000 - 172000	170-430
Lennox International ,Inc chillers system	191 - 460 219 – 346	24000-44000	60 -110
Goodman Global, Inc * **Roof top Units**	29	1220 - 2400	3 - 6 ton
Paloma Industries JP Rheem in the US and Canada Roof top units	50 - 70	6000 - 8000	15 - 20
Disruptive technology : our product will disrupt the existing competitor by a new product for room (AC) with Affordable prices	1 to 2 ton	100-2000	1-2

26

You can see in the top table our solution will be a disruptive solution because we have a specific architecture and we are addressing different vertical market that has not been address by the existing competitor.

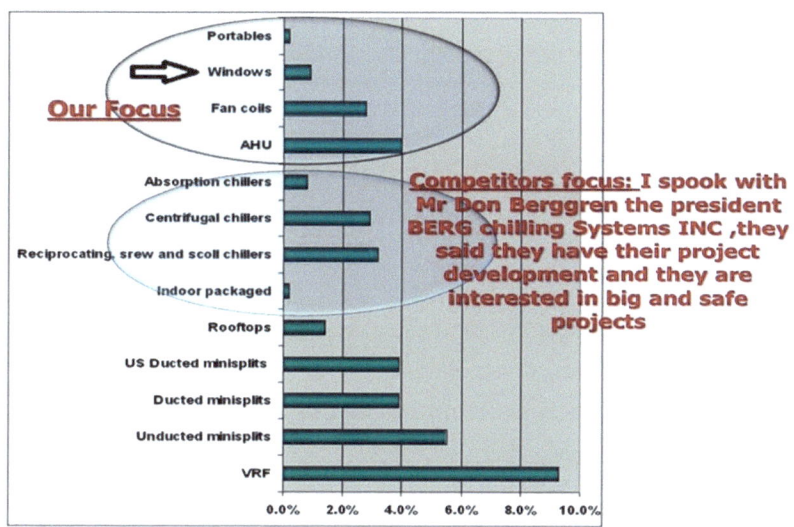

Figure 1. Average annual value growth rate by product, %, 2007-2012

The table above shows our focus and our competitors.

Competitors:

Basic in competition: The basic competition in the market requires different levels of performance concerning technology and safety for air conditioners generally, and room A /C specifically such as:

1-Consumption of electricity   3-Weight

2-Noise level   4- Water Output

5-Cost of manufacture   6- Safety

7-Total cost for consumer

Proposed Project:

Our product fits the market because it addresses customer complaints such as high electricity use, noise, etc. Also, our device will help to protect the environment and this is a current challenge for governments. Therefore, we expect to receive government support.

The market drivers that are creating the opportunity:

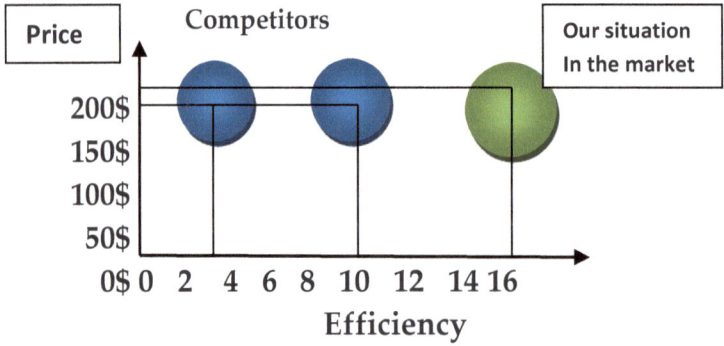

You can see our position in the market and the room air conditioner manufacturer

Our Customer will be the Manufacturer of Room (AC):

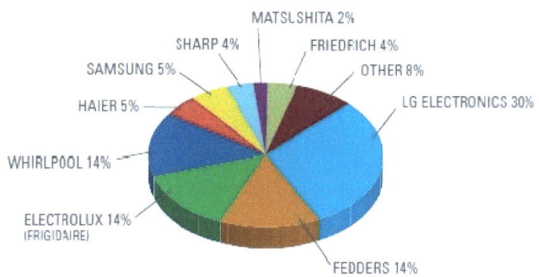

2005 ROOM AIR CONDITIONER
MANUFACTURER MARKET SHARE[11]
MATSUSHITA 2%
SHARP 4%
FRIEDRICH 4%
SAMSUNG 5%
OTHER 8%
HAIER 5%
LG ELECTRONICS 30%
WHIRLPOOL 14%
ELECTROLUX 14%
(FRIGIDAIRE)
FEDDERS 14%

Potential Customer:

Potential customer needs	LG Electronics	Samsung	Fedders	Electrolux	Whirlpool
Reduction of electricity	3	1	1	3	1
Cost reduction	1	3	3	3	1
Innovative product	3	3	1	1	1
Greener products	3	1	3	1	1
Efficiency Management	3	1	1	1	1
Health conscious	3	3	1	1	1
Competitive advantages	3	3	3	1	3
Total out of 21 pt	19	15	13	11	9

Don't care: 1 / Stated in annual report: 3

Based on the table above you can see our best potential customer is LG and after that Samsung

7- Marketing and Selling Strategy:

We will licence our technology for our customers using three strategies

Financial Projections: we have three strategies in licensing our technology

Per year	Strategy one	Strategy two	Strategy three
Revenue	Exclusivity ex: LG	Semi license ex: 3 company	No exclusivity
Licensing fee	10,000,000 $	7,000,000 $	0 $
Royalty (%)	10%	12%	15%
Gross Revenue of customer	30%= 758 million $	30+14+14%=1462 million $	30+14+14+8+5=1787 million $
Royalty ($)	0,108 Billion $	0, 251 Billion $	0,268 Billion $
Total Revenue	85 million $	182 million	268 million

8- Entry-to-Market:

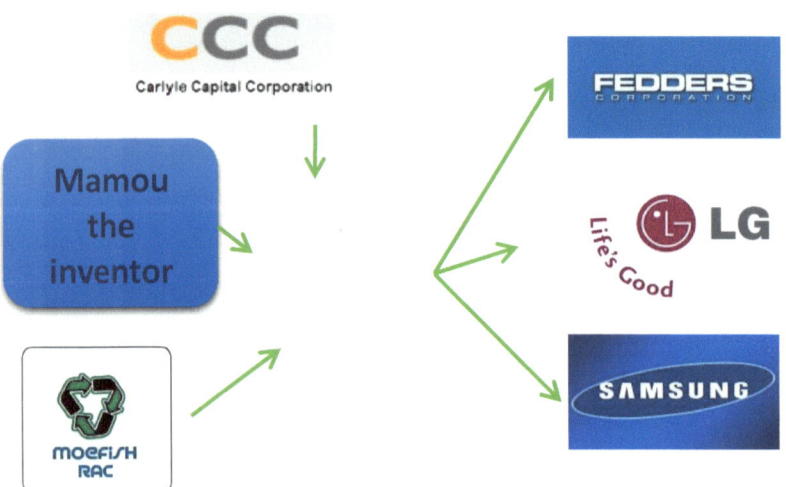

You can see in the picture above we will enter the market by creating Ontario Inc 2104145 to deal with the existing manufacturer.

Go-to-Market-Plan:

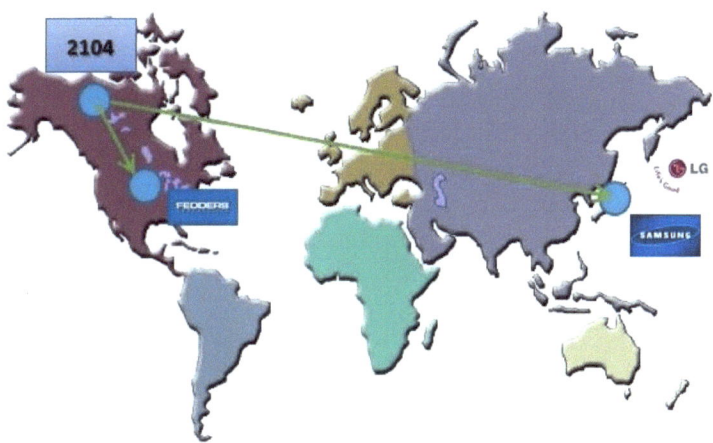

9-Organization and Management and the Board of Directors:

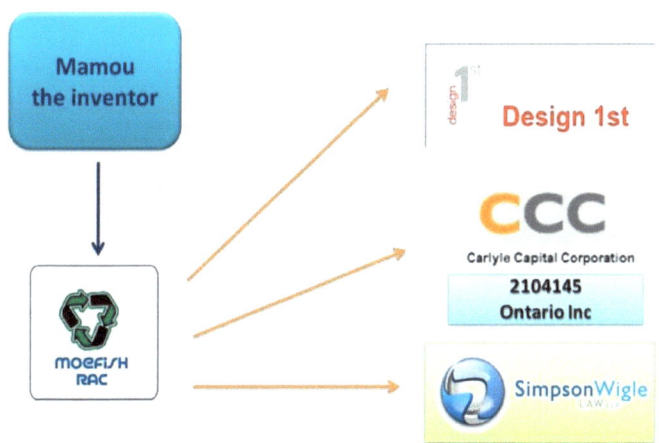

We have 4 Board of Directors for now:

Greg Robert

Dr Rafik Loutfy proposed by Greg

Mohamed Abou el fish

Mahmoud Alleathy

10-Financial statements and plans:

Cash flow:

Cash flow for the 5 year (Profit and loss Statement) Strategy one					
	Year1	Year2	Year3	Year4	Year5
Licensing fee	0	700,000	2,500,000	3,000,000	3,000,000
Royalty(10%)	0	1,115,000	4,460,000	8,920,000	11,150,000
Total revenue(groos margin)	0	1,815,000	6,960,000	11,920,000	14,150,000
Research and development (R&D)	-60,000	-20,000	-20,000	-20,000	-20,000
Admin cost(SG&A)	-2,000	-20,000	-20,000	-20,000	-20,000
Experimental Costs(Testing)	-5,000	-10,000	-10,000	-10,000	-10,000
Amortization of patent	-2,500	-5,000	-5,000	-5,000	-5,000
Sallary	-10,000	-400,000	-400,000	-400,000	-400,000
Accountant	-3,000	-20,000	-20,000	-20,000	-20,000
Lawyer	-20,000	-30,000	-30,000	-30,000	-30,000
Investment needed	120,000	0	0	0	0
Net Cash Flow	17,500	1,310,000	6,455,000	11,415,000	13,645,000

Income statement:

Income Statement for the 5 year (Profit and loss Statement) Strategy one					
	Year1	Year2	Year3	Year4	Year5
Unit sold	0	50,000	200,000	400,000	500,000
Selling Price	223$	223	223	223	223
Total revenue	0	11150000	44600000	89200000	111500000
Licensing fee	0	700,000	2,500,000	3,000,000	3,000,000
Royalty(10%)	0	1,115,000	4,460,000	8,920,000	11,150,000
Total revenue(groos margin)	0	1,815,000	6,960,000	11,920,000	14,150,000
Research and development (R&D)	-66,000	-20,000	-20,000	-20,000	-20,000
Admin cost(SG&A)	-2,000	-20,000	-20,000	-20,000	-20,000
Experimental Costs(Testing)	-5,000	-10,000	-10,000	-10,000	-10,000
Amortization of patent	-2,500	-5,000	-5,000	-5,000	-5,000
Sallary	-10,000	-400,000	-400,000	-400,000	-400,000
Accountant	-7,000	-20,000	-20,000	-20,000	-20,000
Lawyer	-30,000	-50,000	-50,000	-50,000	-50,000
Operating Income	-122,500	1,290,000	6,435,000	11,395,000	13,625,000
Other income	10,000	0	0	0	0
Other expenses	0	0	0	0	0
Interest(8%)	0	0	0	0	0
Earning Befor Tax (EBT)	-112,500	1,290,000	6,435,000	11,395,000	13,625,000
Income tax	0	0	0	0	0
Net income	-112,500	1,290,000	6,435,000	11,395,000	13,625,000
Dividends	0	0	-300,000	-300,000	-300,000
Retained Earnings	-112,500	1,290,000	6,135,000	11,095,000	13,325,000
Retained Earnings Beginning of period	0	-112,500	127,100	1,455,900	2,873,901
Retained Earnings Ending of period	-112,500	1,177,500	6,262,100	12,550,900	16,198,901
Investment needed	-120,000	0	0	0	0
Total cost	-122,500	-525,000	-525,000	-525,000	-525,000

Balance sheet:

Balance Sheets	Year 1	Year 2	Year 3	Year 4	Year 5
Assets					
Cash and short term investment	17500	1310000	6455000	11415000	13645000
Inventory -- Raw Material & Supplier	0	117,240	351,720	586,200	879,300
Experimental Costs	5,000	10000	0	0	0
Prototyping(R&d)	60000	20000	10000	10000	10000
Organisation Costs	2000	20000	6000	6000	6000
Patent	2500	5000	15000	10000	10000
Gross property, plant	0	0	0	0	0
Total Current Assets	87,000	1,482,240	6,837,720	12,027,200	14,550,300
Sell Gross property, plant	0	0	0	0	0
New machinery and equipment + land	0	0	0	0	0
Equipment Depreciation	0	0	0	0	0
Total Fixed Assets	0	0	0	0	0
Total Assets	87,000	1,482,240	6,837,720	12,027,200	14,550,300
Liabilities and Owner's equity					
Income tax Payments Due	0	0	0	0	0
Portion of long term loan (investor)	120000	0	0	0	0
Short-term debt	0	0	0	0	-120000
Account payable	0	0	0	0	0
Accrued expenses	0	0	0	0	0
Total Current Liabilities	120000	0	0	0	-120000
Long term debt	0	0	0	0	0
Total long term liabilities	0	0	0	0	0
Total liabilities	120000	0	0	0	-120000
Contributed Capital	120000	85,335	263815	609415	750715
Reserves	0	0	0	0	0
Retained Earnings	-112,500	91,060	353180	635300	1422040
owner's equity(Make the balance)	-33,000	1,482,240	6,837,720	12,027,200	14,670,300
Total liabilities and Owner's equity	87,000	1,482,240	6,837,720	12,027,200	14,550,300

11-Present Stock Ownership and Investment Capitalisation Plan:

Incorporation in July 2011
2104145 Ontario Inc
Equal partners with 33,33% shareholder
- Greg: 33, 33%
- Abou el fish: 33, 33%
- Alleathy: 33, 33 %

What is needed?

Resources:

- $65.000 third party design.
- $25.000 full IP.
- $30.000 expenses.
- Obtain customers   feedback.
- License our technology 2011.

Technical Activities:

- Third party design
- Prototyping
- Testing

B. Specific Phase

Currently our team is working to accomplish all needed scope in the project, the technical development of the product and the windows (AC). Part one will be ready within a month while the second part will be done within 10 months. The business development presented by our technical mentor includes a formulated business plan, as well as a technical and manufacturing plan. At the same time we are working in another market (Saudi Arabia) with the windows air conditioning. **The prototype is ready but we need Theory prove.** However, the market segmentation there is different than here in Canada.

Product development and milestones
In this level we have to license our technology for the existing

Capitalisation Plan:

Stages	Description	Cost	Funding Source	Necessity
1	Prototype 1	10000$	Self-Raised capital	High(Done)
2	Prototype 2	15000$	Partner +Self-R capital	High
3	Testing	10000$	Partner	High
4	Third party Design	65000$	Carlyle corporation	High
5	Patents	150000$	Carlyle corporation	High
6	Lawyer for partnership	50000$	Carlyle corporation	High

12-Return to Investors:
13-Assumptions and Risks:
Assumptions:

- Cash Flow Statements Assumptions :
  10 million $ upfront fee for us
- Income statement Assumptions :
  10% royalty on revenue of sales for us
- Market 70%, 11.34 million units
- 11.34 x 223=2.528 billion Cad $ the whole market
- Valuation of our project 10% discount rate means 252.8 million dollar
- 10% mean 1.134 million units (1134 thousand units in the first 5 year)
- Revenue = 252.8 million cad dollar

Risk: SWOT ANALYIS:
The strengths of our product are:
- Cost
- Efficiency
- Flexibility
- Green product
- Less noise

The weaknesses of our product:
- Complex architecture
- We added two component :
- Water tank
- Pump

14-Summary and Recommendations:

In conclusion, the implementation of a Canadian company is a good start. We will use the network and the capital of the venture capitalist represented by Greg Robert .The VC will take 33.33%, which is fair for both parties. After receiving positive feedback from the third party design the next step will be to contact our best customer LG to start negotiation. This will be done by our CEO Mr. Greg. We believe by the end of this year 2011, we will have a good deal with one of our potential customers.

Recommendations:

- Do our best to own the IP, and continue the protection of the IP
- Hiring expert people on our team
- More clarification of the contract
- Develop our product to satisfy the market need
- Prove that our product is green and apply for government grant
- Define the final cost of our product and identify in details the benefit of our product
- Develop appropriate form sample for production
- Emphasize the objective of the product and project
- Benefit from the experiences of existing company by making partnership with them
 - Make sure the inventor is available to pursue the project
- Register the company
- Determine the final cost of the product
- Determine the forecast development for the product and life time
- Decide which market we will start producing our product

VIII. References:

- http://www.asiaeec-col.eccj.or.jp/index.html
- http://www.iea.org/efficiency/CD-EnergyEfficiencyPolicy2009/3-Appliances%20and%20equipment/3-Energy_Efficiency_Air_Conditioners.pdf
- http://www.fourpxarticles.com/internet-business/rss/air-conditioning-industry-this-year-growth-of-costs-can-be-stressful-inverter-air-conditioner-air-conditioning-industry-household-appliances/
- http://www.azom.com/news.asp?NewsID=21614
- http://www.articlesbase.com/franchise-articles/glanz-global-air-conditioner-manufacturing-base-2102748.html